BIBLIOTHÈQUE MORALE

DE

LA JEUNESSE

PUBLIÉE

AVEC APPROBATION

LA

CHASSE AUX BÉCASSES

Par R. M.

ROUEN
MÉGARD ET Cie, LIBRAIRES-EDITEURS
1867

AVIS DES ÉDITEURS.

Les Éditeurs de la **Bibliothèque morale de la Jeunesse** ont pris tout à fait au sérieux le titre qu'ils ont choisi pour le donner à cette collection de bons livres. Ils regardent comme une obligation rigoureuse de ne rien négliger pour le justifier dans toute sa signification et son étendue.

Aucun livre ne sortira de leurs presses, pour entrer dans cette collection, qu'il n'ait été au préalable lu et examiné attentivement, non seulement par les Éditeurs, mais encore par les personnes les plus compétentes et les plus éclairées. Pour cet examen, ils auront recours particulièrement à des Ecclésiastiques. C'est à eux, avant tout, qu'est confié le salut de l'Enfance, et, plus que qui que ce soit, ils sont capables de découvrir ce qui, le moins du monde, pourrait offrir quelque danger dans les publications destinées spécialement à la Jeunesse chrétienne.

Aussi tous les Ouvrages composant la **Bibliothèque morale de la Jeunesse** sont-ils revus et approuvés par un Comité d'Ecclésiastiques nommé à cet effet par MONSEIGNEUR L'ARCHEVÊQUE DE ROUEN. C'est assez dire que les écoles et les familles chrétiennes trouveront dans notre collection toutes les garanties désirables, et que nous ferons tout pour justifier et accroître la confiance dont elle est déjà l'objet.

LA CHASSE AUX BÉCASSES

Un soir du mois d'octobre, Auguste et Victor se promenaient bras dessus bras dessous en causant tout bas ; car Victor craignait que ses parents, assis sur le banc placé devant leur maison, ne vinssent à les entendre, et il n'osait s'éloigner, parce qu'on le lui avait défendu. Il avait fait signe à Auguste, et celui-ci était accouru, tout prêt à écouter ses confidences.

Victor était le fils de l'adjoint, un de plus

riches propriétaires du village ; Auguste avait pour père un maçon, qui très-souvent allait travailler aux environs, et ne pouvait par conséquent s'occuper beaucoup de l'éducation de cet enfant. M. Léger, l'adjoint, et Pierre Heurtaut, le maçon, étaient voisins ; ils s'estimaient réciproquement, mais ils se voyaient peu, Pierre ayant pour habitude de dire qu'il aimait mieux se contenter de la société de ses égaux, que de rechercher celle de gens supérieurs à lui par leur fortune ou leur éducation.

Mme Heurtaut ne pensait pas comme son mari : c'était une bonne femme, laborieuse, obligeante, incapable de dire du mal de qui que ce fût ; mais elle avait beaucoup d'amour-propre, et, ne pouvant vivre dans l'intimité de Mme Léger, qui était une femme du monde, tandis qu'elle-même était une paysanne dans toute l'acception du mot, elle souhaitait du moins que son fils devînt l'ami du fils de son élégante voisine.

Beaucoup de parents se seraient peu souciés de voir leurs enfants fréquenter assidûment Victor ; on ne le croyait pas méchant, mais c'était, disait-on, un franc étourdi, ne se plaisant qu'au désordre, un écolier paresseux et indocile, un camarade volontaire et hautain. Mme Heurtant ne s'occupait pas de cela : Victor était toujours si bien mis, il avait de jolies manières, elle trouvait qu'il parlait bien, et elle n'était jamais si contente que lorsqu'elle voyait Auguste avec lui.

Auguste était doux et timide ; il voulait toujours ce qui plaisait aux autres, se laissait volontiers commander et quelquefois maltraiter ; ce qui faisait dire aux enfants de son âge qu'il n'avait ni esprit ni résolution. On comprend combien un tel ami devait convenir à Victor, qui aimait à donner des ordres, à être le maître partout et toujours, et qui ne pouvait supporter sans en venir aux injures et aux coups la moindre opposition à ses volontés. Il avait eu déjà bon nombre de camarades avec lesquels il s'était brouillé ou qui s'étaient retirés de lui, quand il commença de se lier avec Auguste. Mme Léger fit bon accueil à son petit voisin, dont elle connaissait le caractère doux et paisible, et, de son côté, Mme Heurtaut était ravie quand

Victor venait chercher son fils. Elle aurait tout fait quitter à Auguste, ses livres, son travail, elle lui aurait fait manquer sa classe plutôt que de répondre par un refus à cette invitation ou seulement de prier Victor d'attendre quelques instants.

Auguste avait bien quelquefois à souffrir de l'humeur impérieuse et violente de son ami ; il s'en était même plaint à sa mère ; mais Mme Heurtaut lui avait donné tort sans se donner la peine de l'écouter jusqu'au bout, puis elle s'était efforcée de lui faire comprendre quel honneur c'était pour lui de fréquenter le fils du riche adjoint, qui ne pouvait manquer de remplacer bientôt le maire devenu vieux et presque infirme.

L'orgueil n'était pas le grand défaut d'Auguste ; aussi ne paraissait-il que fort peu sensible à cet honneur ; mais comme il était très-docile et n'avait d'ailleurs pas de rancune, Victor n'avait qu'à lui adresser une bonne parole pour que tout fût oublié.

Ce soir-là il s'était empressé, comme nous l'avons dit, d'accourir à l'appel de son compagnon.

— Je voulais aller chez toi, lui dit Victor, maman me l'a défendu ; elle m'a beaucoup grondé aujourd'hui, parce que j'ai jeté ma grammaire au feu ; et, pour me punir, elle veut que je reste sous ses yeux toute la soirée.

— Comment! fit Auguste, tu as jeté ta grammaire au feu? Pourquoi donc ?

— Belle question ! Parce qu'elle ne m'amusait guère apparemment.

— Mais c'est très-mal, et Mme Léger a bien fait de te gronder.

— Je ne t'ai pas appelé pour te demander ton avis là-dessus, entends-tu ? Je sais bien que ce n'est pas toi qui m'imiteras : tu aimerais mieux te morfondre des journées entières sur les livres que de t'en débarrasser comme je l'ai fait.

— Qu'est-ce que tu crois y gagner ? On t'en achètera d'autres, voilà tout.

— Je n'ai pas besoin de tes raisonnements. Veux-tu, oui ou non, écouter ce que j'ai à te dire, et surtout ne pas prendre un air ébahi ou consterné, si ce que j'ai à te proposer te paraît un peu hardi ?

— Me voilà prévenu, cela suffit, tu peux parler.

— As-tu déjà été à la chasse aux bécasses ?

— Ni à celle-là ni à aucune autre, et je n'irai sans doute jamais.

— Eh bien ! moi, j'y ai été l'année dernière avec mon cousin Jules, ce beau collégien qui est venu passer les vacances chez nous, et j'y veux aller cette année avec toi ou tout seul, s'il ne te convient pas de m'accompagner.

— Mais je ne sais pas seulement comment on s'y prend pour chasser la bécasse.

— Est-ce que je ne suis pas là pour te l'apprendre ? Tu n'auras qu'à te laisser conduire et faire ce que je te dirai.

— Ce n'est pas difficile, mais encore j'aimerais à le savoir un peu d'avance, afin d'arranger mon affaire de manière à ce qu'on ne puisse m'empêcher d'être de la partie quand le moment sera venu.

— Écoute donc : il faut aller, au coucher du soleil, dans les taillis marécageux, s'abriter sous un arbre bien touffu et y attendre en silence le passage des bécasses. Elles s'annoncent par un crrou.... crrou.... répété plusieurs fois. Dès qu'on entend ce cri, on se prépare à faire feu ; mais on attend que l'oiseau ait passé au-dessus de soi, afin de pouvoir le tirer par derrière, comme on fait pour les canards, dont les plumes épaisses et luisantes laissent couler le plomb, quand on les tire en tête.

— Comme tu es savant! dit Auguste avec admiration. C'est ton cousin qui t'a appris tout cela?

— Cela et bien d'autres choses encore. Ses leçons m'amusaient plus que celles de notre instituteur ; aussi je les ai mieux retenues.

— Mais tu parles de faire feu, reprit Auguste, tu oublies que nous n'avons point d'armes.

— Nous en aurons, sois tranquille. Jules a laissé ici une petite carabine que je te prêterai, et je prendrai le beau fusil double de mon papa, sa poire à poudre et son plomb de lièvre ; je sais où tout cela pose, et personne ne saura que j'y ai touché. Le plus difficile sera de trouver une excuse pour sortir le soir et un moyen de n'être pas rencontrés avec nos fusils.

— Pour sortir, on aura toujours bien un prétexte : tu demanderas à ta maman si elle veut que tu viennes avec moi jusqu'à la blanchisserie, voir si notre toile a encore besoin de quelques lessives, et elle t'en donnera la permission.

— Tiens ! dit Victor, pour un garçon sans esprit, voilà qui n'est pas trop mal imaginé. Je me charge du reste. Notre verger s'étend bien loin sur le chemin de la blanchisserie ; j'irai pendant que maman sera occupée porter le fusil derrière la haie ; quand tu viendras me chercher, nous nous en irons tranquillement les mains dans nos poches et le tour sera joué.

— Ah ! mon Dieu, dit Auguste, voilà justement qu'on rapporte la toile. Est-ce avoir du guignon ?

— J'aurais été bien étonné si quelqu'une de tes idées s'était trouvée bonne, répondit Victor. Mais nous ne renoncerons pas à notre partie pour si peu de chose ; ta mère te laisse sortir quand cela te fait plaisir, tu sortiras de chez toi à cinq heures et tu t'en iras tout droit au pont de l'Ermitage, je t'y rejoindrai.

— Mais si l'on te retient.....

— Laisse donc! quand j'ai mis une chose dans ma tête, il faut qu'elle se fasse. S'il faut que tu m'attendes quelques minutes, tu m'attendras; mais je serai peut-être le premier au rendez-vous. Tu as bien compris, n'est-ce pas? Demain à cinq heures, au pont de l'Ermitage.

— C'est convenu, j'y serai. Je n'ai pas grand esprit, c'est possible, mais je ne suis pas plus poltron qu'un autre, et je me réjouis de tirer mon premier coup de fusil.

— Qu'avez-vous donc à babiller si longtemps? demanda M. Léger aux deux petits garçons, qui passaient devant lui pour la vingtième fois au moins.

— Auguste me gronde de ce que j'ai fait tantôt, dit Victor, affectant une certaine confusion; je lui dis de se taire, je me fâche, et il s'obstine à me sermonner.

— Il a raison, reprit l'adjoint; car si jamais pareille chose t'arrive encore, ce ne sera pas ta mère qui te punira, ce sera moi.

— Je te promets de ne pas recommencer, papa.

— A la bonne heure, je te pardonne. Dis bonsoir à Auguste, que j'aime bien, puisqu'il est si sage ; embrasse ta mère et va te coucher ; il est tard, et je t'éveillerai de grand matin pour que tu viennes à la ville avec moi.

— Je ne partirai pas, dit tout bas Victor à Auguste.

Puis il fit ce que disait son père, sans témoigner pour ce petit voyage la moindre répugnance.

Il faisait à peine jour quand M. Léger alla l'éveiller, selon sa promesse ; mais Victor se plaignit d'un violent mal de tête, et son père, l'ayant empêché de se lever, partit très-inquiet des suites que pourrait avoir ce malaise. Victor, enchanté du succès de son mensonge, se rendormit aussitôt. Quand il ouvrit les yeux deux heures plus tard, sa mère était auprès de lui, et ce paisible sommeil l'avait à peine rassurée.

— Comment te trouves-tu, mon enfant? lui demanda-t-elle avec empressement.

— Mieux, maman, répondit Victor, mon mal de tête est presque entièrement passé. Je resterai près de toi toute la journée ; car c'est sans doute le soleil d'hier qui m'a causé cette indisposition.

— Ou ton accès de colère, dit Mme Léger. Il faut absolument travailler à te corriger, méchant enfant, si tu veux que je t'aime toujours. Mais puisque ton père a pardonné, je pardonne aussi, ne parlons plus du passé.

Victor rougit un peu ; il eût fallu n'avoir pas de cœur pour n'être pas touché de tant d'indulgence et pour ne pas hésiter à affliger encore une si bonne mère.

— Si je lui disais tout ? pensa-t-il.

Mais la chasse aux bécasses avait trop de charme pour qu'il y pût renoncer, et il savait bien qu'on ne la lui permettrait pas.

Victor étudia un peu, écouta plusieurs histoires que Mme Léger lui raconta, et se tint auprès d'elle sans la fatiguer de son tapage et sans s'attirer la moindre remontrance. Le soir venu, il lui demanda si elle voulait qu'il allât jouer pendant une heure ou deux avec les élèves de monsieur le curé, et elle y consentit sans peine ; car elle ne refusait jamais à cet enfant rien de ce qui lui paraissait raisonnable.

Alors, sous prétexte de chercher un livre qu'il avait promis à l'un des petits garçons qu'il allait voir, il monta dans sa chambre, prit de la poudre, du plomb, et la carabine qu'il avait d'avance eu la précaution de placer entre ses matelas, cacha le tout sous sa blouse et sortit en sifflotant. Mme Léger avait reçu une visite dans l'après-midi, et Victor avait profité de ce moment pour porter le fusil derrière la haie, comme il l'avait dit à Auguste.

Quand il eut monté la rue qui conduisait au presbytère, et qu'il fut certain de n'être plus aperçu par sa mère, il fit un détour pour regagner le verger ; mais arrivé à l'endroit où il avait déposé le fusil, il fouilla vainement la cachette, elle était vide. Il s'éloigna sans pouvoir se défendre d'une vive inquiétude, revint sur ses pas, chercha de nouveau, mais toujours sans le moindre résultat.

— Auguste est si bête, qu'il aura cru que je lui avais dit de venir prendre le fusil, se dit-il enfin ; il sera parti avec, et, sans doute, il s'impatiente déjà en m'attendant. Si je tardais encore, il serait capable de revenir ; il vaut mieux que j'aille le rejoindre que de rester plus longtemps ici.

Rassuré par cette pensée, Victor partit en courant. Auguste l'attendait en effet, mais il n'avait pas de fusil.

— S'il était perdu, si on l'avait pris ! dit-il, plus inquiet encore que son ami.

— On ne saurait pas que c'est ma faute, répondit Victor. Personne ne m'a vu y toucher, et papa en serait quitte pour en acheter un neuf. Il ne faut pas du moins que nous l'ayons perdu pour rien ; il nous reste la carabine, allons nous mettre en place.

— Mais tu me l'avais promise, la carabine; je ne tirerai donc pas, moi ?

— Voudrais-tu l'avoir à toi tout seul ? demanda Victor.

— Oh ! non ; quand elle m'appartiendrait, je ne le voudrais pas ; je te dirais : Servons-nous-en chacun à notre tour.

— Il ne tiendrait qu'à moi de la garder; mais je me contenterai de tirer deux coups sur trois ; cela te va-t-il ?

— Oui, c'est convenu, dit Auguste, qui ne s'attendait pas à tant de condescendance.

On s'arrêta pour charger la carabine, puis on se remit en marche, et, toujours courant, on arriva au lieu même où, l'année précédente, Victor avait chassé avec son cousin. Il fit placer Auguste, et tous deux attendirent palpitants le crrou.... crrou.... tant désiré. Il se fit entendre enfin, et Victor tira ; mais il avait été trop pressé, la bécasse ne perdit pas une de ses plumes.

— Tu vas voir ce coup-ci, dit-il à Auguste ; fais bien attention,

Auguste regardait de tous ses yeux, mais le second oiseau n'eut pas plus de mal que le premier.

— A moi, dit Auguste en saisissant la carabine.

Victor avait envie de la lui refuser jusqu'à ce qu'il eût fait preuve d'adresse ; mais il craignit de fâcher son compagnon et lui remit l'arme après l'avoir rechargée. Il attendit le moment de tirer ; mais dans sa joie, il avait oublié d'armer la carabine, et quand Victor lui dit à voix basse : Feu ! feu ! il appuya inutilement sur la gachette, le coup ne partit pas.

— Rends-la-moi, si tu ne veux pas t'en servir, dit Victor avec colère ; tu n'es qu'un sot et un peureux.

— Ne te fâche pas, reprit Auguste ; attends un instant, et tu verras que je suis plus étourdi que peureux.

— Soit ! dit Victor, je veux bien que ce coup-là ne compte pas. Attention ! voilà le moment. Tire, mais tire donc !

Auguste se rappelait qu'il fallait laisser un peu filer l'oiseau ; il ne se hâta pas trop d'obéir, et la bécasse alla tomber à dix pas, sur les feuilles sèches, Auguste jeta des cris de joie et s'élança pour ramasser sa proie ; mais Victor l'avait devancé.

— Qu'elle est belle ! dit l'heureux chasseur, on dirait une petite poule. Vrai, je ne me croyais pas si adroit.

— Peuh ! dit Victor, dont le dépit perçait malgré lui, elle est bien maigre. Je crois qu'elle était blessée depuis plusieurs jours et que ce n'est pas toi qui l'as abattue.

— Si, si, c'est bien moi; regarde plutôt son sang qui coule. Maigre ou grasse, je m'en contente, donne-la-moi,

— Tu ne l'auras pas. Tu irais demain la montrer à tout le monde en disant que je n'ai rien fait de mes deux coups, et l'on se moquerait de moi.

— Non, je te promets que je ne dirai rien; mais il est bien juste que tu me la donnes, puisque c'est moi qui l'ai tuée.

— Je te dis que tu ne l'auras pas. D'ailleurs c'est avec ma carabine que tu l'as tuée, elle m'appartient autant qu'à toi.

Auguste insista d'abord avec douceur; puis, ne pouvant rien obtenir, il voulut s'emparer par force de son bien. La lutte allait s'engager. Victor allongea la jambe pour empêcher à Auguste de s'approcher, puis il lui lança un coup de pied; mais l'autre ne se rebuta point et parvint à saisir l'oiseau par la tête. Chacun tirant de son côté avec une égale force, le cou et une aile brisée restèrent entre les mains d'Auguste,

Son adversaire furieux releva la carabine qu'il avait jetée à terre et voulut l'en frapper. Auguste, qui était très-leste, fit un bond en arrière, et l'arme que Victor avait saisie par le canon retomba sur une souche qui en brisa la crosse.

Cet accident n'était pas fait pour calmer la colère du fils de l'adjoint; il s'élança à la poursuite de son compagnon, qui, connaissant sa violence, avait cru ne pouvoir mieux faire que de prendre la fuite. Il était aussi fort que Victor, mais celui-ci avait toujours la carabine, et cette arme rendait la partie trop inégale pour qu'Auguste se risquât; d'ailleurs, il ne savait s'il pourrait se résoudre à rendre coup pour coup à un camarade qu'il aimait, malgré tous ses défauts.

Victor courut longtemps; mais il est si facile de se cacher dans un bois, qu'il dut renoncer à atteindre le fugitif. Il s'assit pour l'attendre, espérant le voir revenir et ne pensant plus qu'à reprendre tranquillement avec lui le chemin du village; car il commençait à reconnaître ses torts et à rougir de son emportement; mais la nuit tombant sans qu'Auguste reparût, il se décida à partir seul.

Il était temps qu'il arrivât ; sa mère pleurait amèrement, et son père, qui venait de rentrer, se disposait à aller à sa recherche avec plusieurs domestiques. Mme Heurtaut, non moins inquiète, était chez sa voisine ; mais elle ne songeait point à admirer les beaux meubles et la fraîche toilette de Mme Léger ; elle ne pensait qu'à son fils, à son cher Auguste, qu'un laboureur revenant des champs avait vu traverser avec Victor le pont de l'Ermitage. Pâle et tremblante, elle pressait l'adjoint de partir et elle voulait l'accompagner ; mais quand elle vit arriver Victor tout seul, son inquiétude redoubla.

— Où est Auguste ? Qu'avez-vous fait de mon Auguste ? lui demanda-t-elle aussitôt.

Mais elle attendit longtemps la réponse. Mme Léger serrait Victor dans ses bras, l'accablait de caresses et de tendres reproches. Enfin la pauvre femme parvint à se faire écouter.

— Auguste..., dit Victor. Est-ce qu'il n'est s re[illegible] ? Il y a plus d'une heure que nous

nous sommes quittés, et je le croyais déjà couché.

— Mais où et comment vous a-t-il quitté ?

Victor éprouva un instant d'embarras : qu'allaient dire son père et sa mère en apprenant son escapade, en reconnaissant qu'il l'avait longtemps méditée et qu'il n'avait pas craint de recourir à de nombreux mensonges pour en assurer le succès? Qu'allait dire Mme Heurtaut, quand elle saurait qu'il s'était pris de querelle avec Auguste, qu'il avait voulu le battre, et qu'à cette heure sans doute le pauvre enfant errait dans le bois, où, par la faute de Victor, il s'était égaré ?

Habile à inventer des histoires toutes les fois qu'il avait besoin, pour s'excuser, de se mettre en frais d'imagination, Victor allait céder à cette mauvaise pensée ; mais il vit Auguste s'enfoncer de plus en plus dans la forêt, y passer la nuit au milieu de transes cruelles, peut-être même y être assailli par quelque animal redoutable, et, au risque d'être sévèrement réprimandé, il raconta les choses comme elles s'étaient passées, sans chercher à atténuer ses torts ou à les rejeter sur Auguste; puis il pria son père de faire pour son camarade ce qu'il avait été disposé à faire pour lui-même, et s'offrit à le guider dans ses recherches.

— Oh ! oui, partez, monsieur, dit Mme Heurtaut, partons vite; car il me semble entendre mon pauvre Auguste m'appeler en pleurant. Vous avez bien mal agi, Victor; mais si nous le retrouvons sain et sauf, j'oublierai tout.

— Partons, dit l'adjoint, sans songer à gronder son fils, tant il était heureux de l'avoir retrouvé.

Victor courait devant, appelant Auguste de toutes ses forces; mais l'écho seul répondait. La petite troupe, munie de lanternes, allait entrer dans le bois quand Mme Heurtaut reconnut la voix de son mari, qui revenait de son travail en chantant un vieux refrain. Le maçon, parti depuis trois semaines, était pressé de revoir sa famille; il s'approcha pourtant de ces gens qui paraissaient chercher quelque chose ou quelqu'un, et il allait leur offrir ses services, quand la mère désolée courut à lui, en le suppliant de retrouver son fils.

Pierre Heurtaut voulut tout savoir. Victor fit pour la seconde fois sa confession; et, comme il craignait beaucoup le père d'Auguste, et fort peu Mme Heurtaut ou ses parents à lui, cet aveu lui coûta beaucoup plus que le premier. Pierre ne dit pas un mot, et ce silence ne contribua pas à rassurer le coupable.

On battit le bois pendant plus de deux heures sans rien découvrir, et M. Léger disait que sans doute Auguste avait pris quelque autre chemin pour retourner au village, quand un cri lointain répondit aux appels réitérés du maçon.

— Il est là, dit Victor en s'élançant dans la direction d'où le bruit était parti ; il est retrouvé ; mon Dieu, quel bonheur !

Il devança tout le monde, même le père et la mère d'Auguste, et, quand il aperçut son camarade, il se jeta dans ses bras en lui demandant pardon.

La réconciliation était accomplie quand on rejoignit les deux enfants, et déjà Victor entraînait Auguste vers Pierre Heurtaut.

— Monsieur Heurtaut, lui dit-il, Auguste

m'a pardonné ; ne me pardonnerez-vous pas aussi ?

— Pardonne-nous à tous deux, père, dit Auguste ; car Victor n'a guère eu plus de torts que moi.

— Nous causerons de cela demain, répondit le maçon. Remercie les personnes qui se sont mises à ta recherche ; elles ont été trop bonnes, car tu méritais bien de passer la nuit au milieu des bois.

— Allons, voisin, il ne faut pas être trop sévère, dit M. Léger : nous avons été jeunes aussi.

— Je n'ai jamais été ni désobéissant, ni menteur, reprit Heurtaut ; mais si je l'avais été, cela ne m'empêcherait pas de chercher à corriger mon fils de ces vilains défauts.

L'adjoint comprit que Pierre avait raison et ne répliqua pas. On fit la route en silence, les deux petits garçons marchaient côte à côte, mais, voyant que tout le monde se taisait, ils n'osaient pas parler non plus. Auguste s'attendait à être grondé en rentrant ; son père se mit à table, le servit comme à l'ordinaire, et, le repas terminé, l'envoya se coucher sans lui adresser un seul mot de reproche; mais quand l'enfant vint pour l'embrasser, il détourna la tête.

Auguste, rentré dans sa petite chambre, s'agenouilla et récita sa prière plus pieusement qu'il ne le faisait depuis longtemps; il pleura en demandant pardon à Dieu du chagrin qu'il avait fait à ses parents, et il s'endormit en se promettant de se mieux conduire à l'avenir.

Le lendemain, il se leva de bonne heure et alla trouver son père, qui se promenait au jardin.

— Papa, lui dit-il, je viens te prier de me punir aussi durement que tu le voudras; je l'ai bien mérité et je ne murmurerai pas; mais, pour l'amour de Dieu, parle-moi comme autrefois et ne refuse plus de m'embrasser. Jamais, jamais il ne m'arrivera plus de te faire de la peine; j'ai bien réfléchi depuis hier, je suis décidé à devenir raisonnable, studieux, et à rompre avec Victor, s'il ne veut pas se corriger aussi.

— Tout cela est facile à dire, répondit Heurtaut, plus ému qu'il ne voulait le paraître ; mais que je parte demain, après t'avoir tout pardonné, et tu ne tarderas pas à oublier tes bonnes résolutions. Te voilà grand, et, au lieu de penser sérieusement à t'instruire, à donner de la satisfaction à tes parents, tu fais ce qui te plaît, sans t'inquiéter de savoir si cela est bien ou mal. Sais-tu ce que deviennent plus tard les enfants comme toi? Des paresseux, des hommes inutiles au monde, à charge à eux-mêmes et à leurs familles, pour ne pas dire autre chose encore ; tandis que les enfants dociles et studieux deviennent des hommes laborieux, rangés, fidèles à leurs devoirs, d'honnêtes gens enfin, qui ne font jamais rougir le front de leur vieux père.

— Voilà ce que je veux être, papa, dit Auguste, en prenant dans les siennes les mains de Pierre, qui lui mit un baiser au front.

— Voilà ce que je veux être aussi, monsieur Heurtaut, dit Victor en se montrant tout à coup derrière la haie qui séparait les deux jardins. Je suis bien honteux de ce que j'ai fait hier, de ce que j'ai fait jusqu'à présent.

et vous n'avez pas besoin d'empêcher Auguste de venir avec moi.

— Je crois que vous parlez sincèrement, Victor, je ne lui défends donc pas de continuer à vous voir ; mais si vous me trompiez, vous pourriez chercher un autre ami ; j'aimerais mieux pour lui la société du plus pauvre enfant de tout le pays, pourvu que cet enfant fût docile et bon, que celle d'un prince qui lui donnerait de mauvais exemples et de pernicieux conseils.

La rentrée des classes avait lieu huit jours plus tard. Victor, qui avait été jusque-là l'élève le plus paresseux et le plus insoumis, changea tout à fait de conduite et devint en peu de temps un écolier modèle ; Auguste l'imita et fit comme lui de rapides progrès. Leur amitié grandit avec eux, et leur rendit plus faciles les efforts qu'ils eurent à faire pour se corriger.

Aujourd'hui ils habitent encore le village où ils sont nés ; leurs parents sont morts en les bénissant, et eux-mêmes sont devenus pères de famille. Leurs enfants se voient à toute heure, car Auguste et Victor sont restés voisins; et, quand on cause le soir, assis devant la porte, si la conversation tombe sur les souvenirs d'enfance, l'un des deux amis raconte aux petits garçons réunis autour d'eux les aventures de la chasse aux bécasses, afin de leur apprendre qu'un plaisir qu'on cherche à se procurer par le mensonge et la désobéissance finit souvent par les larmes.

FIN.

Caen.—Imprimerie Nigault de Prailauné

www.ingramcontent.com/pod-product-compliance
Lightning Source LLC
LaVergne TN
LVHW052028170826
845678LV00018B/1049